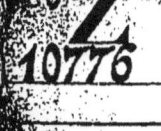

LA CLÉ
DES
JEUX D'ESPRIT

Par COLIBRI

CRYPTOGRAPHIES
(PROBLÈMES CHIFFRÉS, POINTÉS, POLYGRAPHIE, ETC.)
CHARADES, LOGOGRIPHES
MOTS CARRÉS, EN TRIANGLE, EN HEXAGONE
EN ÉTOILE, CURIOSITÉS

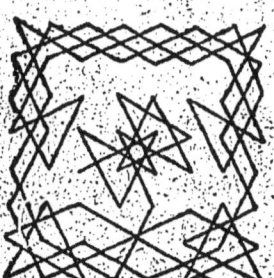

PRIX :   PRIX :
2 FRANCS   2 FRANCS

PARIS
P. DUBREUIL, IMPRIMEUR-ÉDITEUR
18 *bis*, RUE DES MARTYRS, 18 *bis*

LA CLÉ

DES

JEUX D'ESPRIT

LA CLÉ

DES

JEUX D'ESPRIT

Par COLIBRI

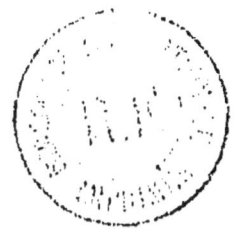

CRYPTOGRAPHIES

(PROBLÈMES CHIFFRÉS, POINTÉS, POLYGRAPHIE, ETC.)

CHARADES, LOGOGRIPHES

MOTS CARRÉS, EN TRIANGLE, EN HEXAGONE

EN ÉTOILE, CURIOSITÉS

PARIS

P. DUBREUIL, IMPRIMEUR-ÉDITEUR

18 bis, RUE DES MARTYRS, 18 bis.

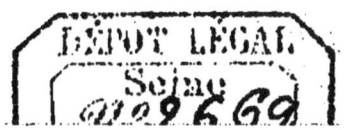

AU LECTEUR

Les jeux d'esprit, pour lesquels se passionnaient nos pères au siècle dernier, jouissent de nouveau parmi nous d'une vogue si incontestable que, non seulement les journaux littéraires et illustrés, mais aussi beaucoup de grands journaux ont dû, pour suivre le mouvement, se mettre à en publier quotidiennement ou hebdomadairement.

Les gens graves traitent ces choses de futilités et de bagatelles, sans en soupçonner le côté utile ni l'intérêt réel; les amateurs qui suivent ces récréations savent seuls qu'elles nécessitent la connaissance parfaite d'une foule de mots, qu'elles en révèlent sans cesse de nouveaux, qu'elles donnent aux sphinx l'habitude des définitions exactes et qu'elles développent la perspicacité des œdipes.

Il y aurait, sans remonter jusqu'au fabuleux sphinx, dont on ne cherchait pas sans danger les devinettes, une curieuse étude à faire sur les origines et les progrès de ces passe-temps, que les anciens connaissaient.

Mais notre but est plus modeste : nous voulons simplement fixer en quelques pages et aussi complètement que possible, les différentes formes de problèmes. Les chercheurs, que les noms des questions surprennent et déconcertent souvent, y verront leurs recherches facilitées ; les personnes qui possèdent des loisirs y trouveront des modèles pour exercer leur patience de compositeurs.

Un mot encore : les formes multiples données aux problèmes de constructions demanderaient en général des définitions longues et difficiles à comprendre; aussi avons-nous cru préférable de leur substituer des exemples, qui n'ont besoin d'aucun commentaire et ne peuvent donner lieu à la moindre ambiguité.

DIVISION

En laissant à part les problèmes d'un caractère absolument spécial : mathématiques, dames, échecs, etc., on peut diviser les problèmes en quatre classes que nous allons examiner successivement :

1° Les cryptographies : problèmes chiffrés, pointés, polygraphies, etc. ;

2° Les problèmes classiques : charades, anagrammes, logogriphes, énigmes, etc. ;

3° Les problèmes de constructions : mots carrés, en triangle, en hexagone, en étoile, etc.;

4° Les curiosités.

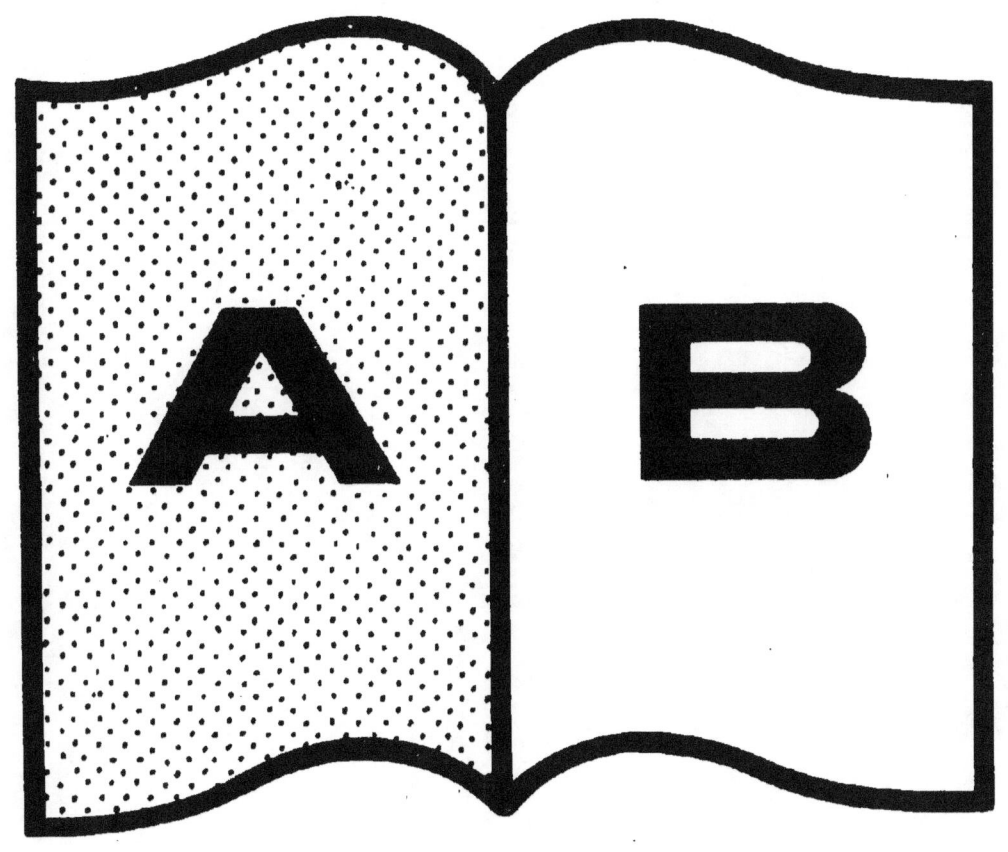

Contraste insuffisant

NF Z 43-120-14

I

CRYPTOGRAPHIES

La Cryptographie, ou art de la correspondance secrète au moyen de caractères convenus, est très employée dans la diplomatie; les particuliers qui ont intérêt à tenir leurs communications cachées y ont également recours.

Dans ces différents cas, on se sert fréquemment de méthodes compliquées, propres à dérouter les indiscrets et que notre cadre restreint ne nous permet pas d'exposer, même en partie. Nous ne parlerons ici que des genres employés ordinairement dans les problèmes.

CRYPTOGRAPHIE PAR SUBSTITUTION

Ce genre est le plus usité : chacune des 26 lettres de l'alphabet est représentée par une autre lettre, un chiffre ou un signe quelconque ; on remplace chaque lettre d'une phrase donnée par le signe correspondant et le problème consiste à retrouver les mots que masque le chiffrage.

Ainsi si on adopte comme alphabet le suivant :

A B C D E F G H I J K L M N O P Q R S T U V W X Y Z
C O U R A G E Z Y X W V T S Q P N M L K J I H F D B

la phrase :

BONNE CHANCE A TOUS NOS VAILLANTS ŒDIPES

s'écrira :

OQSSA UZCSUA C KQJL SQL ICYVVCSKL QARYPAL

Voici un exemple de cryptographie en chiffres :

remplaçons   E F I L P R S T
par   1 2 3 4 5 6 7 8

la phrase   TEL PÈRE, TEL FILS
s'écrira   814 5161 814 2347

Remarquons à ce propos que les marques du commerce sont de véritables cryptographies, dans lesquelles les chiffres sont représentés par des lettres.

Le nombre des alphabets ou clés qu'on peut établir est énorme ; quand on se trouve en présence d'une phrase chiffrée, il n'y a donc pas à espérer qu'on trouvera cette clé.

Les chercheurs sont guidés dans leurs investigations par quelques indices généraux et surtout par la sagacité que l'habitude leur aura fait acquérir.

Ainsi, pour les lettres redoublées dans un mot, on n'a le choix qu'entre un petit nombre de caractères ; les mots LE, LES, EST, s'ils existent tous les trois dans la phrase, se découvrent à l'instant, à cause de leurs lettres communes ; les lettres A, C, D, L, M, N, O, S, T, Y sont les seules qui puissent être employées isolément ; la lettre E est la seule qu'on trouve redoublée, et quelquefois triplée, au bout d'un mot *français;* cette lettre est, de plus, celle qu'on rencontre généralement le plus grand nombre de fois dans une phrase.

Mais ceci ne s'applique naturellement qu'en partie aux phrases faites exprès par les sphynx, où les difficultés sont accumulées et où tout est combiné pour dérouter l'amateur.

PROBLÈMES CHIFFRÉS DITS JANGADA

Ce genre tire son nom d'un ouvrage de Jules Verne, dans lequel il est employé.

La clé est donnée par un nombre de plusieurs chiffres (autant qu'on veut); ce nombre est placé au-dessous de la phrase qu'on veut chiffrer, chacun de ces chiffres correspondant à une lettre et on le répète autant de fois que la longueur de la phrase le nécessite.

Puis on remplace chaque lettre par celle qui est placée x rangs plus loin qu'elle dans l'alphabet, le nombre x étant fourni par le chiffre placé au-dessous; on peut, de même, remplacer chaque lettre par celle qui est placée x rangs avant elle.

On déchiffre naturellement par la méthode inverse. Soit la clé 1793 et la phrase donnée:

A beau mentir qui vient de loin;

nous poserons:

<pre>
        ABEAUMENTIRQUIVIENTDELOIN
        179317931793179317931793 1
d'où: BINDVTNQUPATVPELFUCGFSXLO
</pre>

On donne le nombre-clé à deviner en en faisant la solution d'un problème de mathématiques.

PROBLÈMES POINTÉS

Dans les problèmes pointés, il s'agit de reconstituer une phrase dont on donne les lettres initiales, les lettres de deux en deux, les voyelles ou les consonnes, chaque lettre supprimée étant ou non remplacée par un point.

Voici un exemple de chacun de ces cas :

Les initiales.

R... D. P... T..... Q. U. E.. ... Q.. S. P.....

(Rien de plus tendre qu'un égoïste qui se plaint).

De deux en deux.

D. S. U. D. E. N. M. T. M. U. A. S. A. A. T. R.

(Diseur de bons mots, mauvais caractère).

Les voyelles.

.E.UI .UI .OU...E .E .EU . E..O.E A E..E ..U.E .A. .E. E.I..E..E.

(Celui qui souffle le feu s'expose à être brûlé par les étincelles).

Les consonnes.

LS RDRS LS PLS DX SNT LS PLS PRMPTMNT XCTS

(Les ordres les plus doux sont les plus promptement exécutés).

Nota. — Ce genre étant plus facile à deviner que les précédents, on supprime le plus souvent les points, en laissant quelquefois ceux qui remplacent les voyelles par lesquelles un mot commence ; ainsi : .RDRS, .XCTS.

Parfois même, on ne sépare pas les mots, ce qu'on peut faire d'ailleurs pour toutes les cryptographies qu'on veut corser.

PROBLÈMES A GRILLE

Ces problèmes consistent en un carré divisé en cases qui portent chacune une ou plusieurs lettres.

Si on place sur la figure un autre carré dans lequel des ouvertures ont été pratiquées d'une certaine façon, on peut, en rassemblant les lettres des cases qui correspondent à ces ouvertures, lire un fragment de phrase; en plaçant la *grille* en divers sens, on parvient ainsi à lire toute la légende inscrite sur le carré.

Soit le carré :

S	C	M	E	T	E	M	H
A	E	R	E	E	R	O	T
C	U	T	O	U	V	H	M
O	S	E	E	Z	N	E	R
S	M	V	S	T	T	O	I
E	R	P	N	P	U	E	A
R	R	T	X	A	M	A	O
G	M	B	I	1	L	E	S

Faites un autre carré de même grandeur, avec des ouvertures disposées comme les O du tableau ci-après :

M N

P R

Posez-le en prenant successivement chacun de ses côtés comme base (PR, MP, NM, RN) et vous lirez facilement :

> Cherchez, vieux amis !
> Trouver mon problème
> Et mon stratagème
> A tous est permis !

POLYGRAPHIE DU CAVALIER

Le cavalier est une pièce des échecs qui saute diagonalement dans tous les sens et se pose, après avoir traversé de biais une file ou un rang, sur une case adjacente, qui doit être d'une couleur différente de celle qu'il vient de quitter.

On peut encore expliquer sa marche en disant qu'il fait un pas verticalement et deux horizontalement, ou, au contraire, un pas horizontalement et deux verticalement.

Ainsi, on voit que le cavalier, placé dans un des angles, ne peut sauter que sur deux cases, les plus rapprochées de celles qui ne sont pas contiguës à la case qu'il occupe; posé au milieu de l'échiquier, il peut sauter sur 8 cases différentes.

Le *problème du cavalier*, étudié par Euler et par divers mathématiciens ou amateurs, consiste à faire parcourir au cavalier les 64 cases de l'échiquier sans passer plus d'une fois sur la même.

Si on relie par des lignes droites les centres des cases, dans l'ordre où elles sont touchées, on obtient un dessin, souvent très joli.

Le tracé est dit en « une chaîne » quand le cavalier parcourt les 64 cases sans s'arrêter; il est dit en 2, 4 ou 8 chaînes, quand le cavalier, au lieu d'un seul parcours, en fait 2 de 32 pas, 4 de 16 pas, ou 8 de 8 pas.

On dit qu'une chaîne est fermée, quand on peut aller par un pas de cavalier de sa dernière case à sa première case ; en effet, en reliant ces deux cases par une droite, on a un dessin formé par un trait continu.

La chaîne est ouverte dans le cas contraire.

Dans la polygraphie, le cavalier sème sur chacune des cases où il s'arrête une ou plusieurs lettres qui, mises bout à bout, donnent un morceau de prose ou de poésie.

Le problème revient à reconstituer cette phrase.

VO	QU	EU	EE	UE	PA	OQ	EC
AC	NC	DE	UN	NC	AS	NQ	PI
SI	IL	EA	USA	OIL	ES	TD	UE
AS	TR	LLE	QUE	ONH	RVO	LL	SI
EM	IN	EUR	ESU	PPE	LET	TD	AN
UR	VA	NT	LEB	ASE	RE	DE	ON
IL	AP	ER	NF	GE	VO	UT	EU
LI	LE	CA	HR	SA	FL	LE	LE

Les chercheurs commencent habituellement par les cases des angles et du pourtour, le nombre des cases sur lesquelles on peut passer de là étant plus restreint ; on trouve de cette façon des lambeaux de phrases qu'on relie ensuite ensemble.

Nous donnons ci-dessus une polygraphie obtenue par un dessin en une chaîne ouverte.

En commençant par l'avant-dernière case de la rangée inférieure on peut lire les quatre vers suivants :

> Le gentil cavalier, sautant de case en case,
> Ainsi qu'un papillon vole de fleur en fleur,
> Trace un coquet dessin que dévoile ma phrase.
> Que l'étoile sur vous appelle le bonheur !

Voici le dessin, qui a une étoile centrale :

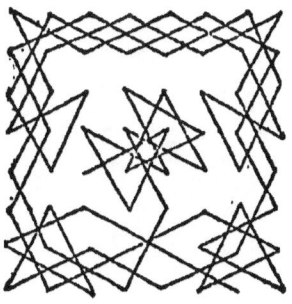

II

PROBLÈMES CLASSIQUES

Cette classe est la plus anciennement connue; il y a, en effet, des énigmes, des logogriphes, etc, latins.

On y désigne fréquemment les lettres par le mot « pieds »; on emploie aussi, mais surtout dans le logogriphe, les expressions suivantes : *chef* ou *tête* (première lettre); *queue* (dernière lettre); *cœur* (letre du milieu); *cou* (deuxième lettre).

ÉNIGME

L'énigme n'est autre chose qu'une devinette; on définit, avec une obscurité calculée, un mot qu'il s'agit de retrouver.

L'énigme homonymique fait entrer dans la définition du mot celles de tous ces homonymes, c'est-à-dire des mots, qui, comme

POIDS, POIS, POIX, POUAH

se prononcent de même, tout en s'écrivant différemment.

CHARADE

La charade consiste dans la décomposition d'un mot (*tout* ou *entier*) en un certain nombre d'autres mots (*premier*, *deuxième*, etc., et *dernier*).

Exemple :

CHAR-DONNE-RETS, SOU-VER-AIN, PO-IRE

On voit que la décomposition est uniquement pour l'œil et ne s'occupe ni du son ni des syllabes.

La *charade fantaisiste* ne s'occupe, au contraire, que de l'oreille, et décompose les mots en d'autres mots, quelle qu'en soit l'orthographe.

SENTE-I-NESLE (sentinelle)

FAUX-NEZ-TIC, FAUNE-ÉTIQUE (Phonétique).

La *charade en action* des salons est une charade fantaisiste dans laquelle une pantomime tient lieu de définition.

La *charade alphabétique* procède aussi de la charade fantaisiste ; ce sont les lettres qu'on représente par leurs homonymes :

SAIE, HACHE, AH!, AIR, HIE, EAU, THÉ
CHARIOT

ANAGRAMME

On nomme anagramme les diverses transpositions qu'on peut faire subir aux lettres d'un mot pour en former d'autres.

Exemple :

LIMONADIER, MÉRIDIONAL

SUCRÉE, CREUSE, CÉRUSE, CÉSURE, RÉCUSÉ, ÉCRUES, REÇUES, CURÉES

Quelquefois aussi, on anagrammatise plusieurs mots à la fois, de façon à former toute une phrase :

MARIE TOUCHET. — JE CHARME TOUT

FRÈRE JACQUES CLÉMENT. — C'EST L'ENFER QUI M'A CRÉÉ

MÉTAGRAMME

Le métagramme est formé de mots qui ne diffèrent les uns des autres que par une seule lettre :

BOIRE, COIRE, DOIRE, FOIRE, LOIRE, MOIRE, NOIRE, POIRE, VOIRE

Il est plus piquant quand le changement de lettres donne un son tout à fait autre :

PLAIRE, PLATRE — POMMIER, POMPIER. — SOLDE, SONDE, SOUDE

Il y a aussi des *métagrammes homonymiques :*

MORD, MORE, MORS, MORT

LOGOGRIPHE

Le logogriphe est formé des mots qu'on peut faire en assemblant de diverses manières un certain nombre de lettres d'un mot donné.

Ainsi, du mot POUTRE on peut tirer les mots : Outre, Troué, Route, Rouet, Touer, Porte, Trope, Opter, Toper, Proue ; Pour, Port, Trop, Porc, Tore, Toue, Trou, Tuer, Rote, Roue, Pret, Repu, Peur ; Pou, Pot, Poe, Rut, Rue, Ter ; Po, Ou, Or, Ut, Ru, Re, Et, Eu. Te.

On peut, en choisissant un mot d'une certaine longueur, tirer jusqu'à 200 autres mots.

Parfois, on spécifie que les lettres ne devront pas être transposées pour former les mots nouveaux.

PRÉVISION, RÉVISION. — CRÉDULE, CÉDULE

Le *logographe complet* s'obtient en enlevant tour à tour chacune des lettres d'un mot et en anagrammatisant celles qui restent.

Ainsi ARTÉSIEN moins	A	SENTIER
—	R	SATINÉE
—	T	ARSENIÉ
—	E	TRANSIE
—	S	TRAINÉE
—	I	SARTÈNE
—	E	SATINER
—	N	ASTÉRIE

Le *logographe décroissant* consiste à enlever une lettre d'un mot, puis une du mot ainsi obtenu, et de même jusqu'à ce qu'il ne reste plus qu'une seule lettre :

CACHETTES, CHASTETÉ, CHATTES, SACHET, CASTE, CASE, SAC, AS, A

Enfin, il y a des *logographes homonymiques* :

LAID, LAI. — HAIRE, AIRE, AIR, R

MÉTASYLLABE

Le métasyllabe se compose de mots différant uniquement par une syllabe.

MORESQUE, MODIQUE. — LOSANGE, MÉSANGE. —

MOBILE, MODÈLE, MODULE, MOELLE,
MORALE, MORELLE MORILLE, MOSELLE.

LOGOGRIPHE SYLLABIQUE

Même définition que pour le logogriphe ; mais ce sont des syllabes et non des lettres qu'on assemble.

CLINIQUE, CLIQUE, NIQUE

GIBELOTTE, GITE, BÊTE, LOTTE, BELOT

ELOCUTION, LOCUTION, LOTION, ÉCU, ÉON, LÉON, LOTI, LO, ON

III

PROBLÈMES DE CONSTRUCTIONS

Cette classe de problèmes présente des mots disposés les uns sous les autres suivant une forme déterminée, celle d'une figure géométrique par exemple.

On peut les diviser en trois séries :

1° Les figures dans lesquelles les mots se lisent deux fois chacun, une fois horizontalement et une autre fois verticalement ou diagonalement ; tels sont les mots carrés, en triangle rectangle, en hexagone, etc.

2° Les figures dans lesquelles les mots ne sont pas répétés ; les mots qu'on lit dans les deux sens sont différents ; tels sont les mots en carré, en rectangle, en triangle isocèle, etc.

3° Les figures dans lesquelles on n'a de mots que dans un seul sens, ces mots étant liés entre eux par un ou deux autres mots ; tels sont les mots en cercle, périmétriques en croix, les acrostiches, etc.

Nous allons passer successivement en revue ces trois séries.

PREMIERE SÉRIE

Mots carrés.

```
L A I          L A I D
A I R          A L O I
I R E          I O D E
               D I E U
```

```
L A I D E      L A I D E S
A R L E S      A R R I M E
I L O T S      I R I S E R
D E T T E      D I S E U R
E S S E N      E M E U T E
               S E R R E S
```

```
C A R A C A S      A C R O T È R E
A M É N A G E      C H I P A M É S
R E N T R E R      R I M E R O N S
A N T E N N E      O P É R A N T E
C A R N E A U      T A R A U D E R
A G E N A I S      M O N D E R A
S E R E U S E      R E N T E R A I
                   E S S E R A I S
```

— 33 —

(On voit que les mots se lisent de haut en bas et de gauche à droite).

Mots en losanges.

```
            Q
          F U I
        B R I N S
      F R O N C E E
    Q U I N C O N C E
      I N C O N N U
        S E N N E
          E C U
            E


            P
          B E C
        P A R O S
      P E R O R A S
    B A R O N N I E S
  P E R O N N E L L E S
    C O R N E I L L E
      S A I L L I E
        S E L L E
          S E S
            S
```

Mots en quinconce.

```
              S
           D     O
         R    A    T
       D    E    U    S
     D    E    L    A    I
   R    E    G    R    E    T
 D    E    G    A    R    N    I
S  A    L    A    D    I    E    R
 O    U    R    D    I    E    S
   T    A    R    I    N    S
     S    E    I    N    S
       I    N    E    S
         T    E    S
           I    S
              R
```

Mots en hexagones.

```
  Z E R O            O T E S
 E L U E S          P E R L E
R U A D E S        P E D A L E
O E D I P E S      O E D I P E S
 S E P A R E        T R A P U S
  S E R U M          E L L E S
   S E M E            S E E S
```

(Les mots se lisent une seconde fois en diagonale, de droite à gauche dans le premier, de gauche à droite dans le second).

Mots en triangles rectangles.

```
J O U R N A L                    J
O I S E U X                  L O
U S I N E                  S O U
R E N E                  P E U R
N U E                  S E R I N
A X                  L O U I S A
L                  J O U R N A L
```

Mots en octogone.

```
        C A B
      M A N E S
    C A B I N E T
    A N I L I N E
    B E N I T E S
      S E N E F
        T E S
```

Mots en croix grecque.

```
        M A C
        O T E
    M O D E R N E
    A T E L I E R
    C E R I S E S
        N E E
        E R S
```

Mots en étoile.

```
              E
              T   A
      E   T   O   I   L   E   S
          A   I   M   A   N   T
              L   A   R   V   E
          E   N   V   E   R   S
      S   T   E   R   N   U   M
              S   U
              M
```

Mots en grille.

```
            E       S       I       A
    E   S   P   A   G   N   O   L
        P       I       D       G
    S   A   I   N   T   E   T   É
        G       T       F       R
    I   N   D   E   F   I   N   I
        O       T       N       E
    A   L   G   É   R   I   E   N
```

Mots en croix de Malte.

```
        T R E M B L E U R
  T     E T A L A N T       P
  R E     E T A I S       H A
  E T E     A N E     M A L
  M A T A     C     E O L E
  B L A N C H A T R E S
  L A I E     A     E D I T
  E N S     E T E     U N I
  U T     M O R D U     E N
  R     H A L E I N E     E
     P A L E S T I N E
```

Trois triangles en triangle.

```
C O L O N E L L E S
O D I N     L I E U
L I N       L E U
O N         E U
N           S
E L L E S
L O I S
L I S
E S
S
```

4.

Quatre mots carrés en croix.

```
V A T E L A R G E
A L A T A L A I S
T A T A R A I L S
E T A N G I L L E
L A R G E S S E S
A M E R S O U P E
R E G I S U B I R
G R I V E P I E U
E S S E S E R U M
```

Mots carrés et en triangles.

```
                C
              P O
            P A N
          P A R T
        C O N T E N T E R
      D O R I O N U I T
    S O N I A N T I R
  D O I T O N N E T
C O N T E N T E R
      N A I N
      T I C
      E N
      R
```

Mots carrés jumeaux.

```
G R A N D
R E N E E
A N O N S
N E N N I
D E S I R A B L E
      A V O I R
      B O X E R
      L I E G E
      E R R E R
```

Mots en hélice.

```
        M É P R I S
        É P A I S
        P A Y S
        R I S
        I S
        S
    L A
  M A B
  M A I L
  L A I N E
S A B L E S
```

Mots en triangles jumeaux.

```
            M
         J  E
      C  A  P
      C  O  U  R
   J  A  U  N  I
M  E  P  R  I  S  A  B  L  E  S
            A  M  R  O  U
            B  R  E  F
            L  O  F
            E  U
            S
```

Mots en croix blanche.

```
C  O  U  P  A  B  L  E  S
O  S  S  A     L  A  R  A
U  S  E  R     E  R  I  N
P  A  R  T     S  A  N  G
A                       L
B  L  E  S     C  O  M  A
L  E  D  A     O  D  O  N
E  D  E  N     M  O  R  T
S  A  N  G  L  A  N  T  E
```

Mots carrés en escaliers.

```
O C                     C R E S U S
C E L A                 R E P A R U
  L I N                 E P I L A I
  A N A N A S           S A L I N S
      N A G A           U R A N U S
      A G A G           S U I S S E S S E S
      S A G E S S E S           S T A G E
          S T E R E             S A L O N
          S E L A M             E G O U T
          E R A T E             S E N T I N E S
          S E M E S T R I E R       N O T E
              T R A N S E           E T O N
              R A B O T S           S E N S E S
              I N O U I S               E C U
              E S T I M A               S U R E
              R E S S A C                 E X
```

(On remarquera que chaque mot carré existe bien séparément quoiqu'un mot le rattache au suivant et au précédent).

Huit mots carrés en croix blanche.

```
                    P A R E
                    A M A S
                    R A P T
            C A P E S T E R R E
            A B U S       R A O N
            P U I S       R O U T
    P A R E S S E         E N T E R R A
    A M A S                       R I E N
    R A P T                       R E V E
    E S T E R R E         A R I A N E S
        R A O N           R A N G
        R O U T           I N D E
        E N T E R R A G E S
                    R I E N
                    R E V E
                    A N E S
```

4.

Mots en losange blanc.

```
                C
             B  A  C
          M  A  R  O  C
          M  O  T     R  O  C
       B  A  T              L  A  S
    C  A  R                    N  E  F
    C  O  R                    S  O  C
       C  O  L              S  O  T
             C  A  N  O  T
                S  E  C
                   F
```

Mots en losange blanc dans un carré.

```
É  C  A  R  T  A  B  L  E
C  A  N  E        S  O  I  T
A  N  E              N  E  E
R  E                    U  N
T                          D
A  S                    L  A
B  O  N              C  O  R
L  I  E  U        L  O  R  D
E  T  E  N  D  A  R  D  S
```

Mots en losange blanc dans un octogone.

```
            R O S
          C A T O N
        M A T E L O T
        C A N E   I M A N
    R A T E         S I O N
    O T E             L U E
    S O L I         I L E S
      N O M S     C L E S
        T A I L L E S
          N O U E S
          N E S
```

Mots en étoile blanche dans un hexagone.

```
        C A N A R D
          A G E N A I S
          N E V E T R E S
        A N E S     E M I R
    R A T             V O L
    D I R E         A M A N
    S E M             E V A
        S I V A     E T A T
          R O M E T E T U
          L A V A T E R
            N A T U R E
```

Mots en étoile blanche au milieu de 6 hexagones.

```
      B E C       T E T
     E C O T E M O I
    C O U R T O I S E
     T R J E I S E R
    T E T E R   E R S E S
   E M O I           E T A I
   T O I S E         S A U V E
    I S E R           I V A N
    E R S E S       L I E N S
     E T A I   I O T A
    S A U V E T A G E
     I V A N A G E S
      E N S       E S T
```

Mots doublement carrés.

```
C A B      A M R I      S E L A M
A S A      M U H R      E T A M A
B A C      R H U M      L A V A L
           I R M A      A M A T E
                        M A L E S
```

(Les mots se lisent quatre fois, de haut en bas, de bas en haut, de gauche à droite et de droite à gauche).

Autres mots en croix de Malte.

```
                C L E M E N T E S
                  A L E N O I S
                  A N T I N
C                 E R R                   C
L                   E                     A
E A               A C H A T       M       R
M L               C R I M E   C A V       E
E N E             R I         A   E       S
E N T R E H I V E R N A G E S
N O I R           A M E R E   P I N       S
T I N             T E R E E       E       A
E S                 R             E       N
S                   C A P                 T
                  M A G I E
                  M E V E N T E
                C A R E S S A N T
```

Mots carrés entrelacés.

```
H A R E M
A G O R A
R O M A N T E
E R A T O U T
M A N O U A I
    T U A G E
    E T I E R
```

(Ce sont deux mots carrés distincts ayant 9 lettres communes).

Mots en losanges entrelacés.

```
      C             T
    C A P         T O N
  C A P O T E N I A
C A P I T O N N A N T
  P O T I N I A I S
    T O N         A N S
      N             T
```

(Ce sont deux losanges ayant 5 lettres communes et reliés par un mot central).

Mots en losanges jumeaux.

```
      C                       L
    S A M                   C I L
  S A P O R               C E S A R
C A P I T A L I S E R A S
  M O T U S               L A R E S
    R A S                   R A S
      L                       S
```

Mots en pentagone.

```
        R
      C E T
    D A C E S
  C A L U M E T
R E C U P E R E R
  T E M E R I T E
    S E R I N E S
      T E T E N T
        R E S T E
```

Cinq losanges en croix.

```
                        E
               A        N        E
               E  N  T  R  E
               E        R        E
                        E
                        T
               L        A        S              A
         E     S        I        E     S        P     I     E
      O  N  C  E  N  T  R  E  T  A  I  L  L  E  R  A  I  E  N  T
         C  R  I        S        E  L  I  M              E  N  S
         E              S        E     M                    T
                        E
                        M
                        E
                        A
               L        I        A
               A  I  E  N  T
               A        N        S
                        T
```

Mots en quinconces jumeaux.

```
               C                           D
               V  A                        P  O
               M  O  N                     B  A  R
               M  E  N  E                  B  U  I  S
               V  E  N  U  S               P  U  N  I  E
               C  O  N  T  R  E  D  A  N  S  E  S
               A  N  T  E  E               O  I  S  O  N
               N  U  E  E                  R  I  O  M
               E  R  E                     S  E  M
               S  E                        E  N
               E                           S
```

Mots carrés syllabiques.

LAS	CA	RIS		MAS	CA	RA	DE
CA	LYP	SO		CA	NO	TA	GE
RIS	SO	LE		RA	TA	TOUIL	LE
				DE	GE	LE	E

Mots en losange syllabiques.

```
              DES
         AT   TI   LA
    DES  TI   NA   TI   ON
         LA   TI   NE
              ON
```

Mots en triangle syllabiques.

```
    DE  FI  NI  TI  ON
    FI  LI  È   RE
    NI  È   CE
    TI  RE
    ON
```

Mots en quinconce syllabiques.

```
                  JE
              FA      DE
          MO      RE      E
      FA      CI      LI      TE
   JE    RE     MI      A      DE
          DE      LI     CA     TE
              E       A      QUE
                  TE      TE
                      DE
```

Mots doublement carrés syllabiques.

```
VA   LE   RE
LÉ   GA   LE
RE   LE   VA
```

Mots carrés jumeaux syllabiques.

```
VA   LI   DE
LI   BRET  TO
DÉ   TO   NA   TI   ON
              TI   RA   DE
              ON   DE   E
```

DEUXIÈME SÉRIE

Mots en carré.

M E L A S
A G A T E
R A T O N
A R I U S
T E N T E

Mots en rectangle.

A M E R E S
V I R O L E
E T O I L E
C E S S E S

Mots en triangle isocèle.

P
B E E
B A R R A
B A I S A N T
C O R N E T T E S
J A N I S S A I R E S

Mots en trapèze.

```
      F E T U
    L A T I N E
  C O C O R I C O
D E F E N S E U R S
```

Mots en croix latine

```
      C A
      A S
M O R T E L
E N T E T E
      O R
      N I
      S E
```

Mots en parallélogramme.

```
          A M O U R S
        T R A I N E
      C E R I S E
    S O N O R E
  V E N I S E
G A L E R E
```

Mots en F.

```
C R I N S
E O L I E
N U
T I R
A L E
I L
N E
E S
```

(On peut faire de même les autres lettres ou les chiffres).

Mots en moulin à vent.

```
  T E M P E           P
    N I E S         R E
      S U C       L A S
        P L A I N E
E S C L A V A G E
R E L E V E
A M E   A N S
T E     G I A C
E       E R S E S
```

Mots en cube.

```
            E B A T S
            B L A M E T
        A   O U T E T A
    T A T E S U A S
    A R A B E R I E
    T A B O R U S
    E B O L I S
    S E R I E
```

Mots en mitre.

```
        V           A
      B O B       A G E
    D O U A N I E R S
  C O N S T E R N E E S
```

Mots en croix de Saint-André.

```
B E G                     R O T
  T A S             S U   R
    D U O     M I   E
      C R O I X
        P I N
        L I E S
      T A N     S I       S
    S E C         C O R
  L I T             N E Z
```

5.

Mots en triangle isocèle syllabiques.

		PAN		
	O	TA	GE	
MA	DE	LON	NET	TES

Mots en parallélogramme syllabiques.

		DE	PLA	CE	E
	BAR	RI	CA	DE	
CA	RA	VA	GE		

TROISIÈME SÉRIE

Mots en éventails.

```
                N       T
        E       I   A           A
            B               N
    V       R   C   G   G       N       l
        A                   D
        S
E   T   R           E           M   A   L


                    A       L
            R       I   A           I
                E                   O
    O                                   T
        N       R   M   R   V   L   E
                            N
M       D           A           R   M   É
```

(Les mots des rayons se lisent du centre à la circonférence ou *vice versa*).

Mots diamétraux en cercle.

```
              N
      E       O
          C A G
    M  A.  R  o  T
          E R I
      S       T
              E
```

Acrostiches doubles.

```
C H A S        D A M E
A N G E        P L A N
P O U R        C E C I
O I N G        A X E S
R A M E        C A D I
A M E N        A N O N
L E S T        O D I N
               A R N O
               R E E L
```

Acrostiches en losange.

```
        D
      E V E
    V A L E T
  I S O L I N E
N A R R A T E U R
  E P H R A I M
    T E R N I
      T O N
        E
```

Mots diagonaux.

```
C O R B E H E M
C H A N T E U R
C A R L I S T E
D E M E U R E R
E X A L T E E S
C O M P L I C E
G A L O U B E T
N A T A T I O N
```

Acrostiches en losange dans un carré.

```
C O L L I N E
E C O N O M E
O S S E U S E
A R I Z O N A
O N G U E N T
C I G O G N E
M A T E L O T
```

Mots périmétriques en croix.

```
        N U E S
        I     I
        D     L
C L I O     O R A L
U               A
T               M
S I O R     T I V A
        E     Y
        S     P
        U R C E
```

(Les lettres des sommets donnent le mot CONSOLATEURS.

IV

CURIOSITÉS

Nous rangerons dans cette classe quelques cas particuliers des problèmes précédents et des questions qui ne rentrent dans aucune des autres classes.

Mots carrés à diagonale.

```
F R A C A S
R E V A N T
A V A N I E
C A N C E R
A N I E R E
S T E R E E
```

Prénoms (mots diagonaux).

```
A N S E L M E
B R E N N U S
C A M I L L E
N A Z A I R E
M E L A N I E
M I R A N D A
E U T R O P E
```

(Tous les mots horizontaux sont des noms de personnes).

Triangles de mots décroissants et croissants.

```
P R E T A B L E S           C
R E T A B L E S           C A
E T A B L E S           C A P
T A B L E S           C A P O
A B L E S           C A P O T
B L E S           C A P O T E
L E S           C A P O T E R
E S           C A P O T E R A
S           C A P O T E R A I
```

Losange à mot générateur.

```
      D
    D U C
  D U C A T
D U C A T O N
  C A T O N
    T O N
      N
```

(Ces trois figures sont des logogriphes dont le mot principal est placé en haut ou en bas dans les triangles, au milieu dans le losange).

Parallélogramme de mots croissants et décroissants.

```
        L A I D E S
      L A I D E S
    L A I D E S
  L A I D E S
L A I D E S
```

(Logogriphe dont le mot principal est répété 5 fois.

Carré à diagonales uniformes.

```
G L A C E
L A C E R
A C E R A
C E R A T
E R A T O
```

Mots carrés concentriques.

```
O P E R E R
P I L O T E
E L I M E S
R O M A N S
E T E N D U
R E S S U I
```

Mots carrés successifs.

```
M E    M E R    M E R E    M E R E S
E T    E T A    E T A L    E T A L A
       R A T    R A T A    R A T A S
                E L A N    E L A N S
                           S A S S E
```

(Chacune des figures est formée par l'addition d'un mot à droite et au bas de la précédente).

```
L A C E T
A G A T E    G A T E
C A N E T    A N E T    N E T
E T E T E    T E T E    E T E    T E
T E T E S    E T E S    T E S    E S
```

(Chacune des figures est formée par la suppression du premier mot dans la précédente).

Mots en losange avec un carré central.

```
        M
      S E L
      HANAP
      SAGACES
    MENAGERES
      LACERES
      PERES
      S E S
        S
```

Mots pseudo-palindrômes en losange.

```
        S                       P
      S A S                   T A R
    S E M E R               T A N E S
  S A M A N A P           P A N A M A S
    S E N A T               R E M E S
      R A T                   S A S
        P                       S
```

(Les mots pseudo-palindrômes sont des mots qui en donnent d'autres quand on les lit à rebours ; le losange ci-dessus étant composé uniquement de mots de cette nature, on a, en retournant tous les mots, un second losange, que nous avons reproduit également).

Mots en lampe.

```
            G A Z
            A B O
            Z O E
              B
            F R A
            B O U R G
          H A R N A I S
        L A N T E R N E S
              V
            L E A
          V E R R E
            A R T
              E
            B A T
          M O R E S
        B O U G I E S
        A R G O N N E
        T E I N T E S
          S E N E F
            S E S
```

(Cette figure se compose d'un octogone, d'un losange, d'un triangle isocèle et d'un carré superposés).

LA LETTRE ABSENTE

On donne un certain nombre de mots dont on doit faire autant de mots nouveaux en ajoutant à chacun une même lettre.

Ainsi, si les mots donnés sont :

Apre, Martel, Cire, Autre, Ecarté, Courbe, Cérès, Arche, Cave, Crépue, Mince.

On trouve que la lettre à ajouter est H et qu'on obtient avec elle les mots :

Harpe, Thermal, Riche, Héraut, Acheter, Boucher, Sécher, Hacher, Vache, Pécheur, Chemin.

Quelquefois, on donne des mots dont il faut retrancher une lettre, toujours la même, pour obtenir autant d'autres mots.

LES SYNONYMES

Il faut trouver les synonymes d'un certain nombre de mots donnés, et, en réunissant leurs premières lettres, un proverbe.
Exemple :
Confident, Sud, Union, Étendu, Sagace, Avorton, Centre, Concéder, Attacher, Nonchalant, Démentir, Agrandir, Habileté, Femme, Accord, Trépas, Extraordinaire.

     A mi
     M idi
     A lliance
     L ong
     I ntelligent
     N ain
     M ilieu
     A ccorder
     L ier
     I ndolent
     N ier
     E largir
     T act
     D ame
     E ntente
     M ort
     I nouï

LES CONTRAIRES

C'est le même problème, avec cette différence qu'on cherche les contraires, au lieu des synonymes.

Ainsi on arriverait à la réponse ci-dessus en cherchant les contraires des mots suivants :

Ennemi, Nord, Rivalité, Court, Stupide, Géant Extrémité, Refuser, Détacher, Actif, Avouer Diminuer, Maladresse, Homme, Discorde, Naissance, Vulgaire.

RÉBUS

Ce jeu d'esprit consiste à représenter, à l'aide d'objets figurés ou d'arrangements, les divers sons d'une phrase qu'il s'agit de deviner.

Nous ne donnons ici qu'un exemple de rébus sans figure.

```
PLI
NA   S L Œ A U I R T S      F D A E N L L Œ E E
```

Long NA sous pli — lait dans sœurs
Delle en Fance

L'ON ASSOUPLIT LES DANSEURS DÈS L'ENFANCE

TABLE DES MATIÈRES

	Pages.
Au lecteur	5
Division	7
I. CRYPTOGRAPHIES	9
Cryptographie par substitution	10
Problèmes chiffrés dits Jangada	12
Problèmes pointés	13
Problèmes à grille	15
Polygraphie du cavalier	17
II. PROBLÈMES CLASSIQUES	21
Énigme	22
Charade	23
Anagramme	24
Métagramme	25
Logogriphe	26
Métasyllabe	28
Logogriphe syllabique	29
III. PROBLÈMES DE CONSTRUCTIONS	31
1re série. — Mots carrés	32
Mots en losanges	33
— en quinconce	34

	Pages.
Mots en hexagones	34
— en triangles rectangles	35
— en octogone	35
— en croix grecque	35
— en étoile	36
— en grille	36
— en croix de Malte	37
Trois triangles en triangle	37
Quatre mots carrés en croix	38
Mots carrés et en triangles	38
— — jumeaux	39
— en hélice	39
— en triangles jumeaux	40
— en croix blanche	40
— carrés en escaliers	41
Huit mots carrés en croix blanche	41
Mots en losange blanc	42
— — dans un carré	42
— — dans un octogone	43
— en étoile blanche dans un hexagone	43
— — au milieu de six hexagones	44
— doublement carrés	44
Autres mots en croix de Malte	45
Mots carrés entrelacés	45

	Pages.
Mots en losanges entrelacés	46
— en losanges jumeaux	46
— en pentagone	46
Cinq losanges en croix	47
Mots en quinconce jumeaux	47
— carrés syllabiques	48
— en losange syllabiques	48
— en triangle syllabiques	48
— en quinconce syllabiques	49
— doublement carrés syllabiques	49
— carrés jumeaux syllabiques	49
2º série. — Mots en carré	50
Mots en rectangle	50
— en triangle isocèle	50
— en trapèze	51
— en croix latine	51
— en parallélogramme	51
— en F	52
— en moulin à vent	52
— en cube	53
— en mitre	53
— en croix de Saint-André	53
— en triangle isocèle syllabiques	54
— en parallélogramme syllabiques	54
3º série. — Mots en éventails	55

	Pages.
Mots diamétraux en cercle	56
Acrostiches doubles	56
— en losange	57
Mots diagonaux	57
Acrostiches en losange dans un carré	58
Mots périmétriques en croix	58
IV. CURIOSITÉS	59
Mots carrés à diagonale	59
Prénoms (mots diagonaux)	59
Triangles de mots décroissants et croissants	60
Losange à mot générateur	60
Parallélogramme de mots croissants et décroissants	61
Carré à diagonales uniformes	61
Mots carrés concentriques	62
— successifs	62
— en losange avec un carré central	63
— pseudo-palindrômes en losange	63
— en lampe	64
La lettre absente	65
Les synonymes	66
Les contraires	67
Rébus	68